AF358203

Vente du Jeudi 16 Juin 1892
HOTEL DROUOT, SALLE N° **8**

BEAU MOBILIER

Chambre à Coucher, Salle à Manger

DE CHEZ LANNEAU

SIÈGES — TENTURES — LITERIE

PIANO DE PLEYEL EN PALISSANDRE

Bronzes d'Art de Barbedienne

Émaux Cloisonnés, Porcelaines, Objets variés

TABLEAUX ET AQUARELLES

PAR

BENASSIT, DEFAUX, FEYEN-PERRIN, H. MONNIER

MULLER, DE NEUVILLE, ORTMANS

PERAIRE, PLASSAN, PAPELEU, LÉON RICHET

WORMS, ETC.

Eaux-Fortes Modernes

EXPOSITION PUBLIQUE

LE MERCREDI 15 JUIN 1892

de 1 heure 1/2 à 5 heures 1/2

COMMISSAIRE-PRISEUR

Mᵉ PAUL CHEVALLIER

10, rue de la Grange-Batelière, 10

EXPERT

M. B. LASQUIN

12, rue Laffitte, 12

DC5412

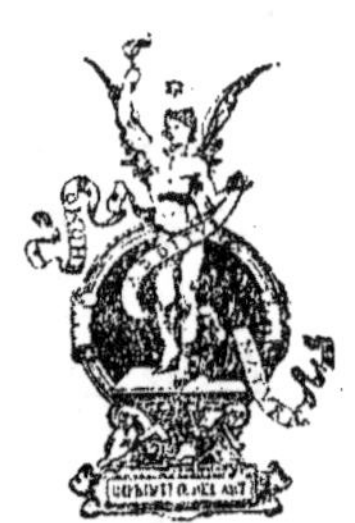

CONDITIONS DE LA VENTE

La vente sera faite expressément au comptant.

Les Acquéreurs paieront, en sus des adjudications, CINQ POUR CENT.

L'Exposition mettant le public à même de se rendre compte de l'état des objets, il ne sera admis aucune réclamation une fois l'adjudication prononcée.

Paris. — Imp. de l'Art. E. MÉNARD et Cᵢₑ, 41, rue de la Victoire.

DÉSIGNATION DES OBJETS

TABLEAUX

AQUARELLES, EAUX-FORTES

BENASSIT (E.)

1 — *En reconnaissance.* Aquarelle.

BELLANGÉ (George)

2 — *Portrait de femme.* Dessin.

DECAMPS (Attribué à)

3 — *Chasseur.*

DEFAUX

4 — *L'Église du village.*

FEYEN-PERRIN (1880)

5 — *Barque de pêcheurs à la côte.*

FEYEN-PERRIN

6 — *Baigneuse.*

HAUDEBOURT (Attribué à Mme)

7 — *Portrait de jeune femme, en buste.*

HOMAN (A.)

8 — *Bords de la Seine.* Aquarelle.

MONNIER (H.)

9 — Dessin au crayon.

MULLER (Camille)

10 — *Marine ; pleine mer.*

11 — *Fleurs dans un cornet de cristal.*

12 — *Vase de fleurs, bijoux et gants sur une table.*

13 — *Oiseaux morts.*

14 — *Paysage d'hiver.*

MULLER (Camille)

15 — *La Falaise au Tréport.*

16 — *Fraises et Groseilles.*

17 — *Nature morte.*

NEUVILLE (A. de)

18 — *Franc-tireur.* Dessin à la plume.

ORTMANS (A.)

19 — *Vaches à l'abreuvoir; sous bois.*

20 — *Le Sentier; paysage boisé.*

PAPELEU (Victor)

21 — *Le Boulevard de la Madeleine, à Paris.*

PÉRAIRE

22 — *Paysage.*

PLASSAN

23 — *Paysage..*

RICHET (Léon)

24 — *Paysage, avec chaumière.*

VALLIN (Genre de)

25 — *Tête de jeune femme.*

VOILLEMOT (Ch.)

26 — *Vénus et l'Amour.* Aquarelle.

WORMS

27 — *La Déclaration.*

WORMS

28 — *Contrebandier espagnol.*

ÉCOLE FLAMANDE

29 — **Deux tableaux, genre de Teniers.**

X

30 — *Steamer en pleine mer.* (École moderne.)

31 — *Grand paysage.* (École ancienne.)

X

32 — *Canards*.

33 — Eaux-fortes modernes, d'après Meissonier :
la Rixe et *1814;* Maignan, Ed. Yon, Fraipont.

34 — Dessins en fac-similé.

35 — Photographies.

BRONZES D'ART ET D'AMEUBLEMENT

SCULPTURES

36 — Étude et Méditation, bronze de Barbedienne,
d'après *Paul Dubois*.

37 — Deux statuettes, d'après Clodion : Faune et
Faunesse, bronze patine verte.

38 — Gloria Victis, groupe en bronze de Barbedienne, d'après *A. Mercié*.

39 — Statuette d'Arlequin, bronze de Barbedienne,
d'après *Saint-Marceaux*.

40 — Statuette de la Fortune, bronze de Barbedienne, d'après *Moreau Vautier*.

41 — Diane, d'après *Falguière*.

42 — David, statuette en bronze de Barbedienne, d'après *Mercié*.

43 — Vénus au bain, bronze de Barbedienne, d'après *Allégrain*.

44 — Le Chanteur florentin, par *Paul Dubois*, bronze de Barbedienne.

45 — Tête de Diane, bronze de Barbedienne.

46 — Groupe de Bacchantes, en bronze, d'après *Dumaige*, sur pied tournant en marbre vert.

47 — Statuette en haut-relief : La Jeunesse, bronze de Barbedienne, d'après *Chapu*.

48 — Statuette de Marguerite, bronze de Barbedienne, d'après *Aizelin*.

49 — Lionne couchée, bronze de Barye, patine verte.

50 — Deux vases forme antique, en bronze patine verte, sur socles en marbre noir.

51 — Grande coupe ronde, en marbre griotte, avec monture en bronze.

52 — Suspension de salle à manger, en bronze, de chez Gagneau.

53 — Pare-étincelles, forme éventail, en bronze doré ; deux porte-pelles et pincettes garnis.

54 — Pare-étincelles en cuivre poli.

55 — Petit vase de forme antique à deux anses surélevées, et orné de feuillages, en bronze argenté.

56 — Cartel de style Louis XIV d'un modèle riche, en bronze doré.

57 — Deux bouts de table nickelés.

58 — Paire de flambeaux style Henri II et une sonnette.

59 — Pendule en marbre noir, avec buste d'Ajax, en bronze, et deux petites girandoles.

60 — Petite lampe de suspension de style grec, bronze de Barbedienne.

61 — Paire de bouts de table à deux lumières, en bronze argenté, avec figures de joueuses de cymbales.

62 — Deux candélabres, montés sur des vases en

bronze de Barbedienne, et une pendule en marbre griotte formant garniture.

63-64 — Deux paires de flambeaux de styles Louis XV et Louis XVI, en bronze doré.

65 — Buste de femme couronnée de lierre, marbre blanc, par *Trentacoste,* sur socle en marbre griotte.

PORCELAINES, ÉMAUX CLOISONNÉS

66 — Grande potiche en vieux Chine, décor d'arabesques en bleu.

67 — Deux vases balustres en émail cloisonné du Japon, fond bleu turquoise.

68 — Vase lenticulaire en faïence artistique de Fischer, de Budapeest, et un flambeau formé d'un singe en faïence de Sarreguemines.

69 — Jardinière ronde en émail cloisonné de Chine, fond bleu turquoise.

70 — Deux grands bols en vieux Japon, à décor bleu.

71 — Paire de lampes en émail cloisonné.

72 — Deux vases en émail cloisonné.

LIVRES BIEN RELIÉS, ARTS ET LITTÉRATURE

OBJETS DIVERS

73 — Sphère, mappemonde, carte en relief de la Suisse, album de cartes.

74 — Coupe-papier en ivoire.

75 — Nécessaire de fumeur avec table en corne de buffle.

76 — Peau de tigre.

MOBILIER

77 — Piano en palissandre de Pleyel.

78 — Bel ameublement de chambre à coucher, de style Louis XVI, en palissandre et bois d'assemblage, de chez *Lanneau*; il se compose d'un lit et une table de nuit et d'un chiffonnier.

79 — Vitrine-dressoir en bois d'acajou à montants, formés de pilastres gainés, de chez *Lanneau*.

80 — Bel ameublement de salle à manger en bois

d'acajou; il est composé d'un grand buffet, une table carrée à cinq allonges et douze chaises.

81 — Table-guéridon en acajou, à deux battants.

82 — Beau cabinet Louis XIII, en bois noir, à moulures guillochées et panneaux de tiroirs sculptés à figures et rinceaux, sur son support avec galerie d'arceaux.

83 — Console de style Louis XIV, en bois sculpté et doré, à dessus de marbre à contours.

84 — Miroir de style Louis XVI, à bordure sculptée et dorée, à guirlandes.

85 — Miroir de style Louis XIII, à bordure sculptée et dorée à ramages.

86 — Paravent à quatre feuilles en tapisserie à paysages avec miniature en peluche rouge.

87 — Trois fauteuils, trois chaises et une chaise longue, garnis de peluche bleue et de passementeries.

88 — Tabouret de piano.

89 — Petite table vide-poche en palissandre, de LANNEAU.

90 — Deux gaines en bois noir, de chez Lanneau.

91 — Casier à musique.

92 — Deux petites consoles en bois doré.

TENTURES

93 — Garnitures de fenêtres en soie et peluche, pour salon et salle à manger.

94 — Trois galeries de fenêtres, en bois sculpté et doré.

95 — Dessus de lit en peluche bleue.

96 — Embrasses en passementeries.

97 — Literie : deux matelas, un traversin, deux oreillers.

98 — Porcelaines et cristaux, services de table, service à thé genre Marseille.

99 — Batterie de cuisine, fourneau à gaz.

100 — Ustensiles divers.